KÜNSTLICHE INTELLIGENZ (KI) FÜR SENIOREN

Deine INNOVATIVE Anwendung von GPT-4

Mag. Eva Prasch

CONTENTS

KÜNSTLICHE INTELLIGENZ (KI) FÜR SENIOREN

Deine INNOVATIVE

Anwendung von GPT-4

I. EINLEITUNG

Die Technologie hat unser Leben in den letzten Jahrhunderten in vielerlei Hinsicht verändert und verbessert. Insbesondere ältere Menschen können von innovativen Technologien profitieren, um länger unabhängig und aktiv zu bleiben.

In diesem Kontext ist GPT-4 ein vielversprechendes Beispiel für eine Technologie, die speziell auf die Bedürfnisse älterer Menschen zugeschnitten ist.

GPT-4 ist eine fortschrittliche Spracherkennungs- und Verarbeitungstechnologie, die auf künstlicher Intelligenz basiert.

Es ist das neueste Modell der GPT-Serie, die von OpenAI entwickelt wurde, einem führenden Unternehmen in der KI-Forschung. GPT-4 hat das Potenzial, das Leben von Senioren auf verschiedene Weise zu verbessern, indem es ihnen personalisierte Unterstützung und Interaktion bietet.

In diesem Buch werde ich die innovativen Anwendungen von GPT-4 für Senioren untersuchen und darstellen, wie diese Technologie älteren Menschen helfen kann, ein selbstbestimmtes und erfülltes Leben zu führen.

Ich werde auch auf Herausforderungen eingegangen, die mit der Nutzung von GPT-4 verbunden sein können, und mögliche Lösungen diskutieren.

Hintergrundinformationen zu GPT-4
und der zunehmenden Bedeutung

von Technologie für ältere Menschen:

GPT-4 steht für "Generative Pre-trained Transformer 4" und ist das neueste Modell in der GPT-Serie, die von OpenAI entwickelt wurde.

GPT-4 basiert auf künstlicher Intelligenz und nutzt Machine Learning-Techniken, um menschenähnliche Sprachmuster zu erzeugen und zu verstehen.

Das Modell wurde entwickelt, um die natürliche Sprache auf höchstem Niveau zu verstehen und zu generieren.

Die Bedeutung von Technologie für ältere Menschen nimmt in unserer Gesellschaft immer mehr zu. Dank moderner Technologien können Senioren länger unabhängig und selbstbestimmt leben.

Technologien wie GPT-4 können ihnen helfen, den Alltag zu bewältigen, die körperliche und geistige Gesundheit zu verbessern und die soziale Isolation zu reduzieren.

Insbesondere Sprachtechnologie wie GPT-4 kann älteren Menschen helfen, ihre täglichen Aufgaben zu bewältigen.

Sie können zum Beispiel Sprachassistenten nutzen, um **Einkaufslisten** zu **erstellen**, **Termine** zu **vereinbaren** oder das **Wetter abfragen.**

Sprachgesteuerte Geräte wie Smart Speaker können auch als **Quelle der Unterhaltung** dienen und den **Zugang zu Musik, Hörbüchern oder Radiosendungen** erleichtern.

Darüber hinaus gibt es zahlreiche Anwendungen im Bereich der **virtuellen Gesundheitsversorgung**, bei denen GPT-4 als virtueller Assistent eingesetzt werden kann.

Senioren können beispielsweise **medizinische Fragen stellen** oder sich an die **Einnahme von Medikamenten erinnern** lassen.

Auch im Bereich der **Bildung und** des **Lernen**s können ältere Menschen von **personalisierten Sprachkursen oder Lernprogrammen** profitieren, die auf ihre Bedürfnisse und Fähigkeiten maßgeschneidert sind.

Insgesamt wird deutlich, dass Technologie wie GPT-4 für ältere Menschen eine wertvolle Unterstützung sein kann, um länger unabhängig und aktiv zu bleiben.

Es ist jedoch wichtig, dass die Bedienung und der Zugang zu elektronischen Technologien einfach und benutzerfreundlich gestaltet werden, damit sie von älteren Menschen problemlos genutzt werden können.
Aufforderung teilen.

Ziel dieses Buches

Das Ziel dieses Buches ist es, einen Überblick über die innovativen Anwendungen von GPT-4 für Senioren zu geben und zu diskutieren, wie diese Technologie älteren Menschen helfen kann, ein selbstbestimmtes und erfülltes Leben zu führen.

Ich möchte den Lesern einen umfassenden Einblick in die Möglichkeiten geben, die GPT-4 für ältere Menschen bietet, und auch auf Herausforderungen eingehen, die mit der Nutzung von GPT-4 verbunden sein können.

Dieses Buch richtet sich an Leserinnen und Leser, die Interesse an Technologie und ihrer Anwendung für ältere Menschen haben.

Es ist für Senioren selbst, aber auch für ihre Familien, Freunde, Betreuer und Fachleute in der Altenpflege und Gerontologie gedacht.

Ich möchte in diesem Buch eine Brücke zwischen Technologie und Alter schlagen und aufzeigen, wie moderne Technologien das Leben älterer Menschen bereichern kann.

In diesem Buch werde ich nicht nur die technischen Aspekte

von GPT-4 berücksichtigen, sondern auch auf die sozialen und ethischen Implikationen eingehen, die mit der Nutzung von künstlicher Intelligenz im Alter verbunden sind.

Ich möchte ein Bewusstsein dafür schaffen, wie Technologie älteren Menschen helfen kann, aber auch darauf aufmerksam machen, dass der Einsatz von Technologie im Alter sensibel und verantwortungsvoll gestaltet werden muss.

Letztendlich hoffe ich, dass dieses Buch dazu beitragen wird, die Lücke zwischen Technologie und Alter zu schließen und Ihnen die Möglichkeit gibt, von den Vorteilen moderner Technologie zu profitieren und ein erfülltes Leben zu führen.

II. VORTEILE VON GPT-4 FÜR SENIOREN:

GPT-4 bietet zahlreiche Vorteile für Senioren, insbesondere im Bereich der Sprachtechnologie.

Hier sind einige der wichtigsten Vorteile im Detail:

1. **Unterstützung bei Alltagsaufgaben:** GPT-4 kann als Sprachassistent eingesetzt werden, um Ihnen bei Alltagsaufgaben wie Einkaufslisten, Terminvereinbarungen oder der Suche nach Informationen zu helfen.

   Durch die Sprachsteuerung kann die Bedienung von Geräten auch für Sie einfacher und zugänglicher werden.

2. **Verbesserung der körperlichen und geistigen Gesundheit:** GPT-4 kann auch im Bereich der virtuellen Gesundheitsversorgung eingesetzt werden, um Ihnen bei der Verwaltung von Medikamenten, der Überwachung von Vitalwerten oder der Beantwortung medizinischer Fragen zu unterstützen.

   Darüber hinaus kann die Nutzung von Sprachtechnologie dazu beitragen, die kognitiven Fähigkeiten von Ihnen zu erhalten oder zu verbessern.

3. **Reduktion von sozialer Isolation:** Durch den Einsatz von sprachgesteuerten Geräten wie Smart Speakern oder Video-Chat-Plattform.

   Dadurch können Sie leichter in Kontakt mit Freunden und

Familie bleiben und soziale Isolation reduzieren. Durch die Interaktion mit einem Sprachassistenten können Sie auch das Gefühl bekommen, nicht allein zu sein und soziale Unterstützung zu erhalten.

4. **Förderung von Unabhängigkeit:** Die Nutzung von GPT-4 kann Ihnen dabei helfen, länger unabhängig zu leben und in ihren eigenen vier Wänden zu bleiben.

   Durch die Unterstützung bei Alltagsaufgaben und die Überwachung von Gesundheitsfragen können Sie länger selbstbestimmt leben und müssen nicht unbedingt in eine Pflegeeinrichtung umziehen.

5. Erleichterung von Kommunikation: Die Sprachtechnologie von GPT-4 kann Ihnen helfen, besser mit anderen zu kommunizieren, insbesondere wenn Sie Schwierigkeiten beim Schreiben oder Lesen haben.

   Durch die Spracherkennung können Sie leichter mit Freunden, Familie oder Pflegepersonal kommunizieren und sich verständlicher.

6. **Anpassung an individuelle Bedürfnisse:** GPT-4 kann so programmiert werden, dass es Ihre individuelle Bedürfnisse und Vorlieben berücksichtigt.

   Zum Beispiel kann es Musik empfehlen, die Sie gerne hören, oder Erinnerungen an besondere Ereignisse wie Geburtstage oder Jubiläen bereitstellen.

Insgesamt bietet GPT-4 viele Möglichkeiten, Sie zu unterstützen und ihr Leben zu erleichtern. Durch die Verwendung von Sprachtechnologie können Sie leichter mit der Technologie interagieren und von den zahlreichen Vorteilen profitieren, die diese bietet.

Verbesserte Spracherkennung und -verarbeitung:

GPT-4 bietet eine verbesserte Spracherkennungs- und Verarbeitungsfähigkeit im Vergleich zu bevorzugten Versionen. Diese Verbesserungen ermöglichen eine genauere natürliche Interaktion zwischen Menschen und der Technologie.

Die Spracherkennung von GPT-4 ist dank fortschrittlicher Algorithmen und Deep-Learning-Technologien in der Lage, menschliche Sprache mit hoher Präzision zu erkennen. Dadurch können Sie auch dann verstanden werden, wenn sie undeutlich sprechen oder eine schwache Stimme haben.

Darüber hinaus kann GPT-4 die Sprache von Ihnen besser verarbeiten, insbesondere wenn Sie Schwierigkeiten beim Sprechen haben oder eine andere Sprache als ihre Muttersprache sprechen.

Die Technologie kann Sätze und Phrasen automatisch korrigieren und anpassen, um sicherzustellen, dass sie dem tatsächlichen Inhalt entsprechen und verständlich sind.

Dank dieser verbesserten Verarbeitung der Spracherkennung und Fähigkeiten der Verarbeitung können Sie die Technologie besser nutzen und sich besser verstanden fühlen.

Dies kann dazu beitragen, Barrieren zwischen älteren Menschen und Technologie abzubauen und ihre Interaktion mit Technologie insgesamt zu erleichtern.

Effektive Unterstützung bei der Bewältigung von Alltagsproblemen

und -aufgaben:

Eine ihrer größten Herausforderungen kann die Bewältigung von Alltagsproblemen und -aufgaben sein. Hier kann GPT-4 eine effektive Unterstützung bieten.

Dank seiner leistungsstarken Algorithmen und seiner Fähigkeit, natürliche Sprache zu verstehen, kann GPT-4 älteren Menschen helfen, **ihre täglichen Aufgaben zu erledigen**. Zum Beispiel kann die Technologie Erinnerungen **an Termine und Medikamenteneinnahmen** bereitstellen oder sogar **automatisch Termine beim Arzt oder Friseur vereinbaren**.

Darüber hinaus kann Ihnen GPT-4 **bei der Bewältigung von Problemen im Haushalt** und **bei der Reparatur von Geräten** helfen. Die Technologie kann Anleitungen und Tutorials bereitstellen, die Sie dabei unterstützen, **Probleme zu lösen und Reparaturen durchzuführen**.

Insgesamt bietet GPT-4 Ihnen eine effektive Unterstützung bei der Bewältigung von Alltagsproblemen und -aufgaben. Dies kann dazu beitragen, ihre Selbstständigkeit und Lebensqualität zu erhöhen und ihnen ein höheres Maß an Unabhängigkeit zu ermöglichen.

III. ANWENDUNGEN VON GPT-4 FÜR SENIOREN"

GPT-4 bietet eine Vielzahl von Anwendungen, die speziell auf die Bedürfnisse von Ihnen zugeschnitten sind.

Im Folgenden werden einige der wichtigsten Anwendungen vorgestellt:

1. **Sprachgesteuerte Assistenzsysteme:** GPT-4 kann als Kernkomponente in sprachgesteuerten Assistenzsystemen eingesetzt werden, die Ihnen helfen, Ihre täglichen Aufgaben zu erledigen.

   Diese Systeme können Erinnerungen an Termine und Medikamenteneinnahmen bereitstellen, Anrufe tätigen und entgegennehmen, Musik abspielen oder sogar Haushaltsgeräte steuern.

2. **Persönliche Gesundheitsassistenten:** GPT-4 kann auch als Basis für persönliche Gesundheitsassistenten dienen, die Sie bei der Verwaltung ihrer Gesundheit unterstützen.

   Diese Assistenten können Gesundheitsinformationen bereitstellen, Fragen zu medizinischen Problemen und sogar auf Notfallsituationen reagieren.

3. **Virtueller Begleiter:** GPT-4 kann auch als virtueller Begleiter eingesetzt werden, um Ihnen Gesellschaft zu leisten und Ihre Einsamkeit zu lindern.

Diese virtuellen Begleiter können Gespräche führen, Spiele spielen oder Geschichten erzählen.

4. **Intelligente Sicherheitssysteme:** GPT-4 kann auch als Basis für intelligente Sicherheitssysteme eingesetzt werden, die Sie vor potentiellen Gefahren schützen können. Diese Systeme können automatisch Alarm schlagen, wenn etwas Ungewöhnliches erkannt wird, oder sogar den Kontakt zu Familienmitgliedern herstellen.

5. **Personalisierte Bildung:** GPT-4 kann auch als personalisierter Bildungsassistent eingesetzt werden, um Ihnen beim Lernen und bei der Wissensvermittlung zu helfen. Die Technologie kann personalisierte Lerninhalte bereitstellen, Fragen beantworten und sogar Prüfungen abnehmen.

6. **Barrierefreie Kommunikation:** GPT-4 kann auch dazu beitragen, die Kommunikation zwischen Ihnen und anderen Personen zu erleichtern, insbesondere wenn Hör- oder Sehbehinderungen vorliegen. Die Technologie kann Untertitel für Videos oder Audioioclips bereitstellen und sogar Gebärdensprache-Übersetzungen ermöglichen.

7. **Aktivitätsüberwachung:** GPT-4 kann auch zur Überwachung von Aktivitäten von Ihnen eingesetzt werden, insbesondere wenn sie allein leben oder medizinische Probleme haben.

   Die Technologie kann Bewegungsmuster und Aktivitäten im Haushalt überwachen und bei Bedarf Alarm schlagen, wenn etwas Ungewöhnliches erkannt wird.

Insgesamt bietet GPT-4 eine Vielzahl von Anwendungen, die älteren Menschen dabei helfen können, ein unabhängiges und erfülltes Leben zu führen.

Von sprachgesteuerten Assistenten bis hin zu personalisierten Bildungsassistenten gibt es unendliche Möglichkeiten, wie diese innovative Technologie das Leben von Ihnen verbessern kann.

Assistenzsysteme für den Alltag:

Sie sind ein wichtiger Bereich, in dem GPT-4 Ihnen helfen kann, unabhängiger und sicherer zu leben.

Diese Systeme können eine Vielzahl von Funktionen bieten, von der Unterstützung bei alltäglichen Aufgaben bis hin zur Überwachung von Gesundheitsbedingungen.

Ein Beispiel für ein Assistenzsystem für den Alltag ist ein sprachgesteuerter Assistent, der Ihnen bei der Erledigung von Aufgaben wie dem Einkaufen oder dem Terminieren von Arztbesuchen helfen kann.

Der Assistent kann auch Erinnerungen an die Einnahme von Medikamenten oder die Durchführung von Übungen bereitstellen.

Ein weiteres Beispiel ist ein intelligentes Sicherheitssystem, das Ihnen helfen kann, sich sicherer zu fühlen, wenn Sie alleine leben.

Das System kann Bewegungsmelder, Überwachungskameras und andere Sensoren verwenden, um mögliche Gefahren zu erkennen und automatisch Alarm zu schlagen, wenn etwas Ungewöhnliches erkannt wird.

Assistenzsysteme für den Alltag können auch die Überwachung von Gesundheitsbedingungen erleichtern, insbesondere für Sie, wenn Sie an chronischen Erkrankungen leiden.

Ein intelligentes Überwachungssystem kann Vitalparameter wie Blutdruck, Herzfrequenz und Blutzuckerwerte messen und bei Bedarf Alarm schlagen, wenn Abweichungen festgestellt werden.

Insgesamt bieten Ihnen Assistenzsysteme für den Alltag mehr Autonomie und Sicherheit. Mit GPT-4 können diese Systeme noch intelligenter und effektiver gemacht werden, um das Leben älterer Menschen zu verbessern.

Virtuelle Gesundheitsassistenten:

Virtuelle Gesundheitsassistenten sind ein weiterer Bereich, in dem Ihnen GPT-4 helfen kann. Diese Assistenten können eine Vielzahl von Funktionen bieten, von der Unterstützung bei der Diagnose von Gesundheitszuständen bis hin zur Bereitstellung von personalisierten Gesundheitsempfehlungen.

Ein virtueller Gesundheitsassistent kann beispielsweise mit einer Sprach- oder Textschnittstelle ausgestattet sein, die Ihnen ermöglicht, ihre Symptome oder gesundheitlichen Bedenken anzugeben.

Der Assistent kann dann eine erste Diagnose stellen und Empfehlungen zur Behandlung weitergeben, wie beispielsweise den Besuch eines Arztes oder die Einnahme bestimmter Medikamente.

Ein virtueller Gesundheitsassistent kann auch personalisierte Gesundheitsempfehlungen basierend auf Ihren individuellen Bedürfnissen und Vorlieben bereitstellen.

Der Assistent kann beispielsweise Empfehlungen zur Ernährung, Bewegung und Prävention von Krankheiten geben.

Darüber hinaus können virtuelle Gesundheitsassistenten auch die Überwachung von Gesundheitsbedingungen unterstützen, insbesondere für Sie, wenn Sie an chronischen Erkrankungen haben. Der Assistent kann Vitalparameter wie Blutdruck, Herzfrequenz und Blutzuckerwerte messen und die Daten an den Arzt oder das medizinische Personal weiterleiten, um eine bessere Überwachung und Behandlung zu gewährleisten.

Insgesamt bieten Ihnen virtuelle Gesundheitsassistenten mehr Zugang zu Gesundheitsinformationen und -diensten. Mit GPT-4 können diese Assistenten noch intelligenter und effektiver gemacht werden, um Ihre Gesundheit und Ihr Wohlbefinden zu verbessern.

Personalisierte Lernprogramme und Sprachkurse:

Eine weitere Anwendung von GPT-4 für Senioren sind personalisierte Lernprogramme und Sprachkurse. Sie haben oft Schwierigkeiten, neue Fähigkeiten zu erlernen oder Fremdsprachen zu lernen.

Personalisierte Lernprogramme und Sprachkurse, die auf Ihre individuellen Bedürfnisse und Lernstile zugeschnitten sind, können jedoch sehr effektiv sein.

Mit GPT-4 können diese Lernprogramme und Sprachkurse noch fortschrittlicher und individueller gestaltet werden.

Durch die Verwendung von maschinellem Lernen kann GPT-4 das Lernverhalten von Ihnen analysieren und ihre individuellen Bedürfnisse und Schwächen berücksichtigen.

Der Assistent kann dann personalisierte Lernprogramme erstellen, die auf Ihre individuellen Bedürfnisse abgestimmt sind.

Darüber hinaus kann GPT-4 auch in der Lage sein, Ihnen dabei zu helfen, Fremdsprachen zu erlernen.

Der Assistent kann beispielsweise durch Sprachverarbeitungstechnologie helfen, das Verständnis der

Aussprache und Grammatik zu verbessern.

Der Assistent kann auch personalisierte Lernprogramme erstellen, die auf Ihre die Bedürfnisse zugeschnitten sind, um ihnen zu helfen, eine neue Sprache schneller und effektiver zu erlernen.

Personalisierte Lernprogramme und Sprachkurse können Ihnen dabei helfen, Ihr geistiges Wohlbefinden zu verbessern und Ihr Gehirn aktiv zu halten.

Mit GPT-4 können diese Lernprogramme noch intelligenter und effektiver gemacht werden, um Ihnen eine noch bessere Lernerfahrung zu bieten.

Soziale Interaktion und Unterstützung:

Eine weitere Anwendung von GPT-4 für Senioren ist die Unterstützung bei sozialer Interaktion und Einsamkeit. Wenn Sie unter Einsamkeit und sozialer Isolation leiden, da Sie nicht in der Lage sind, Freunde und Familie regelmäßig zu besuchen oder wenn Sie in einer Pflegeeinrichtung leben.

GPT-4 kann jedoch dabei helfen, diese Isolation zu verringern, indem es Ihnen eine Möglichkeit bietet, mit anderen Menschen zu interagieren und sich zu unterhalten.

Der Assistent kann beispielsweise durch die Verwendung von Sprachverarbeitungstechnologie in der Lage sein, Konversationen mit Ihnen zu führen und Ihnen Gesellschaft zu bieten.

Darüber hinaus kann GPT-4 auch in der Lage sein, Ihnen dabei zu helfen, neue Freunde zu finden, inwiefern es ihnen Vorschläge für lokale Veranstaltungen oder Gruppenaktivitäten gibt.

GPT-4 kann Ihnen auch bei der Unterstützung mit eingeschränkter Mobilität hilfreich sein. Der Assistent kann ihnen beispielsweise dabei helfen, Kontakt mit Freunden und Familie aufrechtzuerhalten und sie darüber zu informieren, was in der Welt vor sich geht. Auf diese Weise können ältere Menschen auch dann am sozialen Leben teilhaben, wenn sie aufgrund von körperlichen Einschränkungen nicht in der Lage sind, aus dem Haus zu gehen.

Insgesamt kann Ihnen GPT-4 eine wertvolle Unterstützung bei sozialer Interaktion und Einsamkeit bieten.

Durch die Verwendung von maschinellem Lernen und fortschrittlicher Sprachverarbeitungstechnologie kann der Assistent Ihnen helfen, ihr soziales Leben zu verbessern und ihnen ein Gefühl der Verbundenheit und Unterstützung zu bieten.

IV.
HERAUSFORDERUNGE N UND MÖGLICHE LÖSUNGEN

Obwohl GPT-4 eine vielversprechende Technologie für die Unterstützung älterer Menschen bietet, gibt es auch einige Herausforderungen, die berücksichtigt werden müssen.

Eine der Herausforderungen ist, dass Sie möglicherweise noch nicht mit der Technologie vertraut sind und Schwierigkeiten haben könnten, sie zu bedienen.

Hier könnten **Schulungen und Anleitungen** helfen, um Ihnen den Einstieg zu erleichtern.

Ein weiteres Problem ist die Frage der **Datenschutz- und Sicherheitsrisiken**. Da GPT-4 auf Einer großen Menge an Daten trainiert WIRD, ist es wichtig, sicherzustellen, dass die Privatsphäre und Sicherheit der Nutzer gewahrt bleibt.

Hier könnten Maßnahmen wie die Anonymisierung von Daten oder die Implementierung von Sicherheitsprotokollen helfen.

Ein weiteres Hindernis könnte die **Kostenfrage** sein, da der Einsatz von GPT-4 möglicherweise mit hohen Kosten verbunden ist. Hier könnten **staatliche Unterstützung** oder **private**

Fördermittel helfen, Ihnen den Zugang zur Technologie zu erleichtern.

Zusammenfassend kann gesagt werden, dass die Einführung von GPT-4 in der Unterstützung älterer Menschen **Herausforderungen** mit sich bringt, **die** jedoch **mit** Hilfe von **Schulungen, Datenschutzmaßnahmen und finanzieller Unterstützung bewältigt werden können.**

Letztendlich bietet GPT-4 jedoch ein großes Potenzial, um Ihnen dabei zu helfen, ihre Lebensqualität zu verbessern und Ihr Leben unabhängiger und erfüllter zu gestalten.

Datenschutz und ethische Überlegungen:

Im Zusammenhang mit der Anwendung von GPT-4 bei älteren Menschen sind Datenschutz und ethische Überlegungen von großer Bedeutung.

Da GPT-4 auf einer großen Menge an Daten trainiert WIRD, besteht die Gefahr, dass personenbezogene Daten von Ihnen gesammelt und möglicherweise missbraucht werden könnten.

Es ist daher wichtig, dass Datenschutzrichtlinien und -maßnahmen implementiert werden, um sicherzustellen, dass die Privatsphäre von Ihnen gewahrt bleibt.

Darüber hinaus müssen ethische Fragen berücksichtigt werden, insbesondere im Hinblick auf die Verwendung von GPT-4 zur Überwachung von Ihnen.

Es ist wichtig, sicherzustellen, dass die Technologie nicht dazu verwendet WIRD, Sie zu überwachen oder zu kontrollieren, sondern Sie unterstützt, ein unabhängiges Leben zu führen und ihre Anforderungen dabei zu erfüllen.

Eine weitere ethische Überlegung betrifft die Verwendung von GPT-4 zur Erstellung personalisierter Inhalte und Empfehlungen. Es ist wichtig sicherzustellen, dass diese Empfehlungen nicht auf Diskriminierung oder Vorurteilen basieren und dass Sie die Kontrolle darüber haben, welche Daten verwendet werden, um Ihre Interessen und Vorlieben zu ermitteln.

Zusammenfassend ist es wichtig, dass Datenschutz- und ethische Überlegungen bei der Anwendung von GPT-4 bei Ihnen berücksichtigt werden, um sicherzustellen, dass die Technologie nicht nur nützlich, sondern auch verantwortungsvoll eingesetzt wird.

Bedienbarkeit und Benutzerfreundlichkeit:

Ein weiterer wichtiger Aspekt im Zusammenhang mit der Anwendung von GPT-4 bei Ihnen ist die Bedienbarkeit und Benutzerfreundlichkeit der Technologie.

Ältere Menschen haben oft weniger Erfahrung im Umgang mit Technologie und können Schwierigkeiten haben, komplexe Systeme zu bedienen.

Daher ist es wichtig, dass die Anwendungen von GPT-4 einfach und intuitiv gestaltet sind, um Ihnen eine problemlose Nutzung zu ermöglichen.

Ein weiterer wichtiger Aspekt ist die Anpassungsfähigkeit der Anwendungen an Ihre individuellen Bedürfnisse.

Ältere Menschen haben unterschiedliche Fähigkeiten und Einschränkungen, die bei der Gestaltung von Anwendungen berücksichtigt werden müssen.

Es ist wichtig sicherzustellen, dass die Anwendungen von GPT-4 auf Ihre individuellen Anforderungen angepasst sind, um eine optimale Nutzung zu ermöglichen.

Anschließend ist es auch wichtig, dass die Anwendungen von GPT-4 leicht zugänglich sind.

Ältere Menschen haben möglicherweise ihre Schwierigkeiten, aufgrund von Einschränkungen bei der Mobilität oder ihrem Zugang zur Technologie, auf die Anwendungen zuzugreifen.

Es ist daher wichtig, dass die Anwendungen von GPT-4 auf verschiedenen Plattformen verfügbar sind und verschiedene Eingabemethoden unterstützen, um sicherzustellen, dass Sie problemlos auf die Technologie zugreifen können.

Zusammenfassend ist die Bedienbarkeit und Benutzerfreundlichkeit von GPT-4-Anwendungen für Sie von großer Bedeutung.

Es ist wichtig, dass die Technologie einfach, anpassungsfähig und leicht zugänglich ist, um älteren Menschen eine problemlose Nutzung zu ermöglichen.

Kosten und Verfügbarkeit:

Die Nutzung von GPT-4-basierten Anwendungen erfordert einen Zugang zu entsprechenden Geräten und Netzwerken, was für Sie möglicherweise eine Hürde darstellen kann.

Die Kosten für die Anschaffung von Smartphones, Tablets oder Laptops können für einige Senioren eine finanzielle Belastung darstellen.

Es gibt jedoch auch **Alternativen** wie **spezielle Smartphones oder Tablets für Senioren mit größeren Bildschirmen, einfacheren Benutzeroberflächen und angepassten Funktionen.**

Ein weiteres Problem kann die Verfügbarkeit von GPT-4-basierten Anwendungen sein. Nicht alle Entwickler werden in der Lage sein, solche Anwendungen zu erstellen, und nicht alle Unternehmen werden bereit sein, in die Entwicklung von Technologien für ältere Menschen zu investieren.

Es besteht auch die Möglichkeit, dass Anwendungen aufgrund von Schwierigkeiten bei der Integration von GPT-4 oder aufgrund von Sicherheitsbedenken möglicherweise nicht für ältere Menschen zugänglich gemacht werden.

Um sicherzustellen, dass GPT-4-basierte Anwendungen für Senioren zugänglich und betrachtet sind, müssen Hersteller und Entwickler geeignete Strategien entwickeln, die die Anforderungen und Einschränkungen älterer Menschen berücksichtigen.

Hier könnten beispielsweise **staatliche Förderungen** oder **Unterstützung durch gemeinnützige Organisationen** helfen, um sicherzustellen, dass ältere Menschen von den Vorteilen von GPT-4-basierten Anwendungen profitieren können.

V. FAZIT UND AUSBLICK

GPT-4-basierte Anwendungen haben das Potenzial, das Leben von Ihnen in vielerlei Hinsicht zu verbessern.

Sie können Sie bei der Bewältigung von Alltagsproblemen und -aufgaben unterstützen, Ihre Gesundheit überwachen und verbessern, Ihre soziale Interaktion fördern und Ihre Lernmöglichkeiten erweitern.

Es gibt jedoch auch Herausforderungen, die es zu überwinden gilt, wie Datenschutz- und Ethikfragen, Bedienbarkeit und Benutzerfreundlichkeit sowie Kosten und Verfügbarkeit.

Um sicherzustellen, dass GPT-4-basierte Anwendungen für Sie zugänglich und nützlich sind, müssen Hersteller und Entwickler sich auf die spezifischen Anforderungen und Einschränkungen älterer Menschen konzentrieren und geeignete Strategien entwickeln, um diese zu berücksichtigen.

Insgesamt ist es jedoch klar, dass die Verwendung von GPT-4-basierten Anwendungen das Potenzial hat, Ihr Leben auf eine Weise zu verändern, die vorher undenkbar war.

Es ist wichtig, dass wir weiterhin in die Entwicklung und Anwendung von Technologien investieren, um sicherzustellen, dass Sie die bestmögliche Unterstützung und Lebensqualität erhalten.

Zusammenfassung der wichtigsten Ergebnisse:

Zusammenfassend lässt sich sagen, dass GPT-4-basierte Anwendungen das Potenzial haben, das Leben von Ihnen erheblich zu verbessern.

Eine verbesserte Spracherkennung und -verarbeitung, effektive Unterstützung bei der Bewältigung von Alltagsproblemen und -aufgaben, personalisierte Lernprogramme und Sprachkurse sowie virtuelle Gesundheitsassistenten und soziale Interaktion sind nur einige Beispiele dafür, wie GPT-4-basierte Anwendungen Sie unterstützen können.

Allerdings gibt es auch Herausforderungen, die es zu überwinden gilt, wie Datenschutz- und Ethikfragen, Bedienbarkeit und Benutzerfreundlichkeit sowie Kosten und Verfügbarkeit.

Um sicherzustellen, dass Sie von GPT-4-basierten Anwendungen profitieren können, müssen Hersteller und Entwickler ihre Anwendungen an die spezifischen Anforderungen und Einschränkungen älterer Menschen anpassen.

Insgesamt ist es jedoch klar, dass GPT-4-basierte Anwendungen das Potenzial haben, Ihnen eine höhere Lebensqualität zu ermöglichen und Ihnen dabei zu helfen, unabhängiger und selbstbestimmter zu leben.

Mit der richtigen Umsetzung und Anpassung können GPT-4-basierte Anwendungen Ihnen helfen, länger und glücklicher zu leben.

Es bleibt abzuwarten, welche weiteren Fortschritte und Entwicklungen im Bereich der GPT-4-Technologie in der Zukunft gemacht werden.

Mit zunehmender Forschung und Entwicklung können weitere innovative Anwendungen für Sie entstehen, die noch mehr Vorteile bieten und Ihr Leben noch weiter verbessern können.

Es ist wichtig, dass wir uns weiterhin für die Entwicklung und Anwendung dieser Technologie engagieren und dafür sorgen, dass sie für alle zugänglich ist.